DER TELLER

Annabelle Hirsch

Der Teller

Mit Illustrationen von
Hanna Zeckau

DINGE DES LEBENS

INHALT

»Mir scheint, dass die drei fundamentalen Bedürfnisse nach Essen, Sicherheit und Liebe so eng miteinander verbunden sind, dass sie getrennt voneinander nicht denkbar sind. Wenn ich also über den Hunger schreibe, schreibe ich eigentlich über die Liebe und den Hunger nach Liebe, über die Wärme und den Hunger nach Wärme …«

M. F. K. Fisher, »Die Kunst des Essens«

Prolog

Bei mir hat es im Sommer meines dreizehnten Geburtstags begonnen. Auf einmal fing ich an, meinen Teller und seinen Inhalt kritisch zu betrachten. Dabei waren wir bis dahin gute Freunde gewesen. Mein Verhältnis zu ihm war natürlich und unbefangen, ich aß gerne, am liebsten Dinge, die sich für kleine Mädchen nicht unbedingt ziemen. Schweinebraten zum Beispiel, mit Kruste. Nur schien es mir auf einmal, als müsse sich dies von nun an radikal ändern. Ich war an der Schwelle zum Frau-Sein, und auch wenn ich nicht wusste warum, wusste ich doch genau, dass Frauen, also erwachsene Frauen, coole Frauen, sich nicht fröhlich auf ihre Teller stürzen und sich nicht einfach so nehmen, was ihnen gefällt, sondern sich beim Essen immer ein wenig zieren. Elegant sein, so hatte meine französische Großmutter es mir beigebracht, bedeutete, wenig Appetit zu zeigen, das Gegenteil war ein Zeichen von Plumpheit.

Ich glaube, an diesem alteingesessenen Irrglauben hat sich bis heute wenig geändert. Selbst in unserer angeblich so bodypositiven Zeit haben die meisten Frauen ein komplexes Verhältnis zum Essen. Sie sprechen viel darüber, bereiten es in den meisten Familien noch immer selbst zu, sie schwärmen von dieser und jener Köstlichkeit, scheinen sich nahezu obsessiv mit ihren Tellern und den darauf drapierten Speisen zu beschäftigen, weichen dem Akt der Nahrungsaufnahme dann aber oft sehr gekonnt aus. Sie nehmen »nur ein ganz kleines Stück«, stochern, schieben das Essen hin und her, zerstückeln es in tausend Teile, fuchteln mit ihrer Gabel in der Luft herum, reden ohne Ende, stehen auf, schenken den anderen nach, holen irgendetwas in der Küche und lenken so lange von ihrem Teller ab, bis das Dinner vorbei ist und dieser quasi unangetastet nach draußen getragen wird. Die anderen Anwesenden finden das nicht seltsam. Entweder bemerken sie es nicht oder es scheint ihnen normal. Schließlich glauben viele, besonders Männer, bis heute, dass Frauen von Natur aus wenig Freude am Essen haben und sich am liebsten von Salatblättern ernähren. Begegnet ein Mann einer Frau, die eindeutig Appetit zeigt, sagt er nicht selten in einem leicht väterlichen Ton, dass es wirklich erfrischend sei, wenn eine Frau gerne isst (Subtext: »Und trotzdem so schön schlank ist!«).

Ich habe mich in letzter Zeit öfter gefragt, woher dieser Bruch der Frauen mit dem Essen kommt. Warum wirkt das Verhältnis zwischen den meisten Frauen und ihren Tellern so angespannt und unnatürlich? Was steckt, abgesehen von Schönheitsidealen, hinter der latenten Selbstkasteiung? Und wann hat das alles angefangen? Dieses Buch möchte sich diesen Fragen widmen. Wer eine kulturhistorische

Betrachtung des Tellers als Design-Objekt erwartet, wird wahrscheinlich enttäuscht sein. Vielmehr als um den Gegenstand an sich, um das Porzellan, seine diversen Formen, Farben und Verzierungen, soll es auf den folgenden Seiten um den Teller aus feministischer Perspektive gehen. Es soll darum gehen, wie die Frauen über den Teller und das Essen klein gehalten wurden, wie man ihren Appetit mit Scham besetzte und somit dafür sorgte, dass sie ihren Hunger (auf Essen aber auch auf Leben) selbst eindämmten. Es soll um Mutterschaft gehen, um die Erfindung der Hausfrau, die Rebellion der Magersüchtigen des 19. und der Suffragetten des 20. Jahrhunderts. Um Künstlerinnen und Schriftstellerinnen, die beschlossen, die Bedeutung von Tellern und Essen umzudrehen und ihre Freiheit dadurch auszuleben, dass sie hungrig, sogar gierig waren. Kurz, es soll um den Teller als Schauplatz der Unterdrückung und eines leisen Kampfes zwischen den Geschlechtern gehen: den für das gleiche Recht für alle, das Leben »aufzufressen«, wie man im Französischen sagt. Ohne Zurückhaltung. Ohne Scham.

Ein Teller für sich allein

Ich glaube, man vergisst es oft, aber eines der berühmtesten Werke der feministischen Literatur, Virginia Woolfs legendärer Essay »Ein Zimmer für sich allein«, beginnt mit der Beschreibung von Essen, oder besser gesagt: der Beschreibung von Tellern.

Es war irgendwann Ende 1927, als die Arts Society am Newnham College in Cambridge die Mitte vierzigjährige Schriftstellerin bat, im Herbst 1928 vor den Studentinnen einen Vortrag zum Thema »Frauen und Literatur« zu halten. Er wurde zur Basis ihres Buches. Anfangs tat Woolf sich mit der Fragestellung schwer. Sie war nicht sicher, was man von ihr wollte. Sollte sie über die zwei, drei erfolgreichen Schriftstellerinnen der Vergangenheit sprechen? George Eliot, George Sand, die Brontës? Sollte es um das gehen, was Frauen schreiben, oder vielmehr um das, was man über sie schreibt? Sollte sie über ihr Wesen sprechen oder über die Frage, wie die Mythen, mit denen man sie seit jeher umgibt, ihr Wesen bestimmen? Sie wälzte die Frage in alle Richtungen und fand keine Lösung. Bis sie beschloss, sich dem zuzuwenden, was Männer meist als »weiblich« verpönen: den Alltag, das Konkrete. Sie begann über die Schaffensbedingungen von Autorinnen nachzudenken und kam zu folgendem berühmten Schluss: »Ich kann Ihnen nur eine Meinung zu einer Nebensache anbieten – eine Frau braucht Geld und ein eigenes Zimmer.«

So weit, so bekannt. Jeder, der das Buch einmal gelesen oder auch nur davon gehört hat, kennt diesen Satz. Dass der Weg zu diesem Gedanken wortwörtlich von Tellern geebnet wurde, übersieht man meist. Virginia Woolf nutzt zum Einstieg zwei fiktive Esssituationen. Die erste findet eines Herbsttages in »Oxbridge« in einem Männercollege statt. Es sei eine komische Sache, meint sie, »wie gut Romanschriftsteller sich darauf verstehen, uns glauben zu lassen, Lunch-Gesellschaften wären ausnahmslos denkwürdig, weil etwas besonders Geistreiches gesagt wurde oder etwas sehr Weises geschah. Aber selten verlieren sie ein Wort über das, was gegessen wurde.« Nie würde ein Mann sich dazu herablassen, etwas so Reales und, wenn man so will, »Weibliches« wie Suppe, Ente, Lachs oder Wein zu erwähnen, so als hätten Körper und Geist, Intellekt und Alltag nichts miteinander zu tun, meint sie und kündigt an: »Ich nehme mir hier aber die Freiheit, mich über diese Konvention hinwegzusetzen.« Sie berichtet: »… dass das Mittagessen bei dieser Gelegenheit mit Seezunge in einer tiefen Schüssel begann, über die der College-Koch eine Decke aus weißer Sahne gebreitet hatte, nur hier oder da versehen mit braunen Flecken wie die Flecken auf den Flanken einer Hirschkuh. Danach kamen die Rebhühner, aber wenn Sie dabei an ein

paar kahle, braune Vögel auf einer Platte denken, liegen Sie falsch. Die Rebhühner kamen zahlreich und verschieden, kamen mit ihrem gesamten Gefolge an Soßen und Salaten, den scharfen und den süßen, jedes in der entsprechenden Reihenfolge; mit ihren Kartoffeln, dünn wie Münzen, aber nicht so hart; mit ihrem Rosenkohl, die Blättchen wie Rosenknospen, nur saftiger. Und kaum waren der Braten und sein Gefolge beendet, setzte uns schon der stumme servierende Diener […] eine von Servietten umhüllte Nachspeise vor, die wie ein Zuckerberg aus den Wellen ragte.«

Wer sich die Autorin bisher (so wie ich) als depressive Frau mit akutem Hang zur Magersucht vorstellte, entdeckt sie hier als »bonne vivante«, als Genießerin. Sie beschreibt die Gläser, wie schön sie gelb und rot aufleuchten, notiert, wie erhebend alles ist und welch elektrisierenden Effekt dieses großzügige Mittagessen auf die Tischgesellschaft hat: »Und so wurde nach und nach in der Mitte der Wirbelsäule, dort, wo die Seele wohnt, nicht das harte, kleine elektrische Licht entzündet, das wir als Scharfsinn bezeichnen, wenn es zwischen unseren Lippen auftaucht, sondern das tiefere, subtile und untergründige Glühen der satten gelben Flamme vernünftigen Austauschs.« So wie jedes Mittagessen, das etwas auf sich hält, zieht auch dieses sich bis spät in den

Nachmittag hinein und wird von interessanten Gesprächen und amüsanten Beobachtungen der Schriftstellerin begleitet (etwa: »Die schwanzlose Katze ist seltener, als man denkt, obwohl es einige von ihnen auf der Isle of Man geben soll.«). Als die Gesellschaft sich nach mehreren Stunden zufrieden und in jeder Hinsicht (physisch wie geistig) gut genährt trennt, macht Woolf sich auf zu ihrer nächsten Station: Zum Frauencollege in Fernham. Dort soll sie zu Abend essen und übernachten.

Der Kontrast zwischen den beiden Banketten könnte nicht größer sein. Wo die Teller der Männer mit aufmerksam hergerichteten Köstlichkeiten bestückt waren und alles ganz selbstverständlich, großzügig und festlich erschien, trifft Woolf bei den Frauen auf deprimierende Bescheidenheit. Sowohl der Inhalt als auch die Inszenierung des Essens sind derart lieblos gestaltet und jeglicher Form von Genuss entsagend, dass auch die eben noch so überschwängliche Woolf plötzlich ganz schmallippig wird. Ihr Schreiben, das am Nachmittag noch klang, als würde es schweben, zwischen Gerüchen, Farben und Eindrücken, wirkt jetzt ebenso trocken und geizig wie das Mahl, das man ihr vorsetzt: »Da kam die Suppe. Es war eine einfache Brühe. Darin war nichts, was die Fantasie anregt. In der durchsichtigen Brühe hätte man jegliches Muster auf dem Teller sehen können. Aber es gab kein Muster. Der Teller war schlicht. Als nächstes kam Rindfleisch, begleitet von Gemüse und Kartoffeln – eine anspruchslose Dreifaltigkeit, die an die Hinterteile von Vieh auf einem schlammigen Markt denken ließ und an Rosenkohl, welk und gelb an den Rändern, und an Feilschen und Sonderangebote und Frauen mit Einkaufsnetzen am Montagmorgen. […] Backpflaumen und Vanillepudding folgten. Und sollte sich jemand darüber beschweren, dass Backpflaumen, selbst wenn Vanillepudding sie milder macht, ein unbarmherziges Gemüse sind (Obst sind sie nicht), faserig, wie das Herz eines Geizhalses [...], dann sollte er daran denken, dass es Menschen gibt, deren Barmherzigkeit sogar die Backpflaume einschließt. Cracker und Käse kamen als nächstes, und dazu wurde der Wasserkrug großzügig herumgereicht, denn es liegt in der Natur von Crackern, dass sie trocken sind, und mehr Cracker als diese ging nicht. Das war alles. Die Mahlzeit war beendet.«

Nach dem Essen seien alle rasch aufgestanden und in ihre Zimmer verschwunden, schreibt sie, zu Gesprächen war niemand aufgelegt. Wie auch? »Ein gutes Dinner ist eine wichtige Voraussetzung für ein gutes Gespräch. [...] Man kann nicht gut denken, gut lieben, gut schlafen, wenn man nicht gut gegessen hat. Das Licht in der Wirbelsäule leuchtet nicht mit Rind und Backpflaumen.« Um der Trübsinnigkeit doch noch irgendwie zu entkommen, schnappt sie sich eine Bekannte (die glücklicherweise eine »dickbäuchige« Flasche in ihrem Schrank versteckt hat) und setzt sich mit ihr an den Kamin. Sie beginnt über das fade Essen nachzudenken: Ein schlechtes Essen wie dieses produziere am Ende eines Arbeitstages einen zweifelhaften und beschränkten Geisteszustand, schreibt sie und meint, nichts Leuchtendes oder Interessantes könne mit so freudloser Nahrung im Magen entstehen. Und sie fragt sich, was es wohl zu bedeuten habe, dass man die Männer so gut und die Frauen so ärmlich ernährt. Ist das Absicht? Will man damit etwas Bestimmtes bezwecken? Oder, um es mit ihren Worten zu sagen: »Welche Macht steht hinter dem schlichten Porzellan, von dem wir zu Abend aßen?«

Welche Macht steht hinter dem schlichten Porzellan. Oder: Welche Macht steht hinter diesen Tellern. Dieser Satz ist, wenn man so will, der Ausgangspunkt für alles. Virginia Woolf benutzt einen banalen Alltagsgegenstand, um greifbar zu machen, wie schlecht es noch immer um den Platz der Frauen in der Gesellschaft steht, wie wenig Wert man auf ihre Entfaltung legt, aber vor allem auch, wie gekonnt und diskret man diesen Status quo über den Teller und das Essen beibehalten will. Zwar dürfen die Frauen damals endlich studieren, man nährt sie mit Wissen und tut so, als habe man ihnen einen Platz am Tisch der Welt frei gemacht. Nur ist der in Wahrheit so klein, dass es kaum einen Unterschied macht und kaum eine Frau je etwas Großes erreichen wird. Man wirft den jungen Frauen Krümel zu und sagt ihnen, dass sie damit zufrieden sein sollen, denn mehr seien sie ohnehin nicht wert. Virginia Woolf vergleicht das schlechte Essen mit den Entmutigungen, denen man Frauen permanent aussetzt: Schlichte, lieblose Teller hätten denselben Effekt, wie andauernd zu erklären, Frauen seien nicht in der Lage, Großes zu vollbringen, meint sie, und vergleicht den Einfluss von »normaler Milch« versus »Vorzugsmilch« auf den Körper einer Ratte: Die eine Ratte werde durch ihre schlechte Nahrung klein, scheu und ängstlich, die andere glänzend, mutig und groß; so wie die Frauen ihrer Zeit oft schüchtern und blass in der Ecke sitzen und häkeln, während die Männer voller Zuversicht und Tatendrang in die Welt hinausmarschieren.

Die Verbindung, die Virginia Woolf herstellt, ist naheliegend, aber genial. Die von den meisten Männern als Nebensache behandelte Frage der Nahrung wird bei ihr zentral. Sie steht für Lebenselan und Selbstbewusstsein. Für die Möglichkeit, sich viel zu gönnen und viel zuzutrauen. Sie ist eine Metapher für den Platz, den die Gesellschaft den Frauen einzuräumen bereit ist, aber auch den, den diese sich einzufordern trauen. Über das Essen und den Teller sagt man: Fühle dich groß und frei, sei hungrig! Deine Ideen interessieren uns! Oder, im Gegenteil: Sei bescheiden und schränke dich ein! Niemand möchte hören, was du zu sagen hast! Virginia Woolf entlarvt den Teller als subtiles und damit umso wirksameres Mittel, um die Hälfte der Menschheit kleinzuhalten. Das frustrierende Abendessen vermittelt den Frauen mit der zermürbenden und sich tief ins Bewusstsein einfressenden Konstanz des Alltags: Eure Präsenz wird zwar geduldet, aber überschätzt euch nicht. Euer Platz ist klein und hat auch in Zukunft klein zu bleiben.

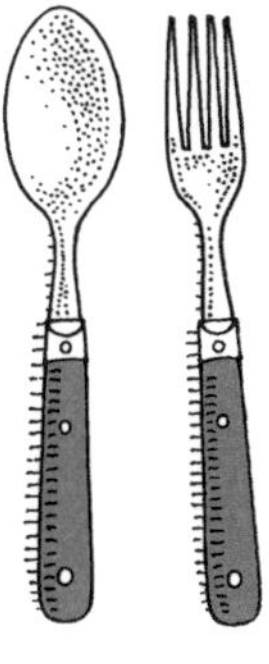

Arbre-d'Amour-Teller

Als ich Virginia Woolfs Essay vor ein paar Monaten noch einmal las und diese Verbindung zwischen weiblicher Schaffenskraft und Tellern bemerkte, musste ich sofort an ein anderes Objekt, einen anderen Teller, denken, der eine ähnliche Wirkung hat wie die von Fernham. Auch er soll das Selbstbewusstsein der Frauen bremsen und ihren Hunger nach mehr mit Scham behaften. Er heißt »Assiette Arbre d'Amour« und stammt aus dem 18. Jahrhundert.

Ich bin eines Nachmittags in Paris durch Zufall auf ihn gestoßen. Ich kam gerade aus einem Interview, in dem es ebenfalls viel um Essen gegangen war (um den Teller als Proust'schen Erinnerungsort, das Essen als eine Art sinnliche Heimat für Menschen im Exil), als ich ihn in einem Schaufenster liegen sah. Beim ersten Hinsehen begriff ich nicht ganz, auf was ich da guckte, beim zweiten musste ich laut lachen: Der sogenannte Liebesbaum-Teller ist ein robuster, großer Teller aus Keramik, der sich im Frankreich des späten 18. und frühen 19. Jahrhunderts offenbar größter Beliebtheit erfreute. Der Witz bei dem Objekt ist weniger die Schönheit des Gegenstands als die Szene, die darauf abgebildet ist. Man sieht im Zentrum einen großen Baum mit weiter Baumkrone. Auf den ersten, flüchtigen Blick nimmt man nur wahr, dass dort Menschen zwischen den Blättern hocken und andere unten um den Stamm stehen. Erst beim zweiten Hinsehen wird klar: Die, die dort im Dickicht der Baumkrone sitzen und sich verzweifelt an Äste klammern, sind Männer. Die, die versuchen, sie mit allen Mitteln herunterzuholen, sind Frauen. Diese sind mit allerlei Werkzeug ausgerüstet: Die eine schwingt ein Lasso, die andere schwenkt siegessicher ein Beil, die nächste macht sich mit einer Säge daran, den Baum zu fällen. Eine andere ist damit beschäftigt, das Objekt ihrer Begierde mit einer Leiter zu erreichen, und schafft es sogar, ihn am Strumpfbein zu packen (man hört ihn regelrecht schreien). Manche Frauen versuchen es auch auf die galante Art: Sie strecken den Männern lockend einen Hut entgegen, wedeln mit einer Tabakdose oder versuchen sie mit einem Gehstock zu bezirzen. Auch Texte gibt es dazu, die lustige und im Französischen sich reimende Dinge enthalten wie: »Die schöne Suzon zielt mit ihrem Seil auf den dicken [unleserlich, Anm.] und präsentiert ihm mit der anderen Hand einen Gehstock.« Oder: »Die charmante Isabeau präsentiert ihm einen edlen Hut.« Die sägende Frau ermutigt ihre Kollegin: »Nur Mut, Margot, wir bekommen ein Stück ab!« Das Bild ist witzig: Die Männer wirken verängstigt, die Frauen entschlossen. Sie wollen an die Typen ran, ganz egal wie. Sie sind hungrig.

Teller wie dieser wurden damals, in der zweiten Hälfte des 18. Jahrhunderts und bis ins 19. Jahrhundert hinein, bei

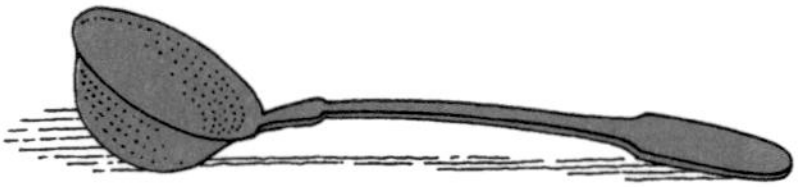

Hochzeiten verschenkt und gingen meist an die Braut. Nicht, weil sie für das Geschirr zuständig war, sondern weil die Nachricht direkt ihr galt. Diese lautete selbstredend nicht: Liebe Frauen, tut es den Damen des »Arbre d'Amour« gleich und lasst eurem Appetit auf Männer (und alles andere) freien Lauf. Sondern im Gegenteil: Schaut nur, wie es wäre, wenn ihr aufhören würdet, euch zurückzunehmen und euren Elan einzudämmen. Wenn Männer die Welt und alles, was sich in ihr bewegt, als ihr Eigentum ansehen und Frauen »verspeisen«, als seien sie Fallobst, ist das eine Sache. Lästig vielleicht, aber auch normal. Nur, wie unmöglich würde es aussehen, wenn die Frauen es den Männern gleichtäten? Selbst aus heutiger Sicht wirkt das Bild abstrus. Wie eine verkehrte Welt.

Und genau das sollte der Teller darstellen: den »monde à l'envers«, die verkehrte Welt. In Frankreich benutzt man den Spruch bis heute. Man sagt: »Non mais c'est le monde à l'envers!«, wenn jemand sich etwas herausnimmt, das eigentlich seinem Gegenüber zusteht. Im Fall dieses Bildes handelt es sich um eine Fantasie, die seit dem späten 16. Jahrhundert wie ein Horrorszenario durch die Köpfe der Männer geisterte und so manchem Ehemann schlaflose Nächte bereitet haben muss. Was, so fragte dieses Bild ängstlich, wenn die Frauen eines Morgens aufwachen und begreifen, dass die patriarchale Ordnung und die ihnen darin zugewiesene Statistenrolle keineswegs auf einer »gottgegebenen Unterlegenheit« des Weibes, sondern auf einer schamlosen Erfindung machtgeiler Männer fußt?

Alice Guy, die erste Filmemacherin der Geschichte, drehte um 1900 einen fantastischen Kurzfilm zum Thema. Er heißt »Die Folgen des Feminismus« und zeigt eine »verkehrte Welt«, in der Männer sich um Haushalt und Kinder kümmern, sich beim Kaffeekränzchen austauschen und keine fünf Minuten in Ruhe auf einer Parkbank verbringen können, weil sofort eine Frau daherkommt und sie dazu nötigt, sich auf ihren Schoß zu setzen, oder ihnen einen Kuss aufdrängt. Alice Guy hat zur selben Zeit auch einen anderen Film gedreht, in dem es zufällig um weiblichen Hunger geht. In »Madame hat Gelüste« läuft eine schwangere Frau gierig durch die Straßen von Paris und stopft sich alles in den Mund, was sie anspricht, während ihr Mann ihr etwas hilflos mit dem Kinderwagen folgt.

Doch kommen wir zurück zum Teller. Dieser sei ein »historisch bedeutsames Stück«, versicherte mir der Antiquar, der mich irgendwann gebeten hatte, doch bitte hereinzukommen, statt kichernd auf der Straße herumzustehen: »Ein Spiegel seiner Zeit«, sagte er. Als ich wieder draußen war, zurück in den Gassen von Paris, begann ich nachzudenken: Was genau spiegelt der Teller eigentlich? Was sagt das Bild des »monde à l'envers« über die Position der Frauen im späten 18. Jahrhundert? Waren sie wirklich kurz vor dem Ausbruch? Aber vor allem: Warum landete diese Vision ausgerechnet auf einem Essuntersatz? Gehen wir die Sache der Reihe nach an und reisen wir zurück ins Frankreich des

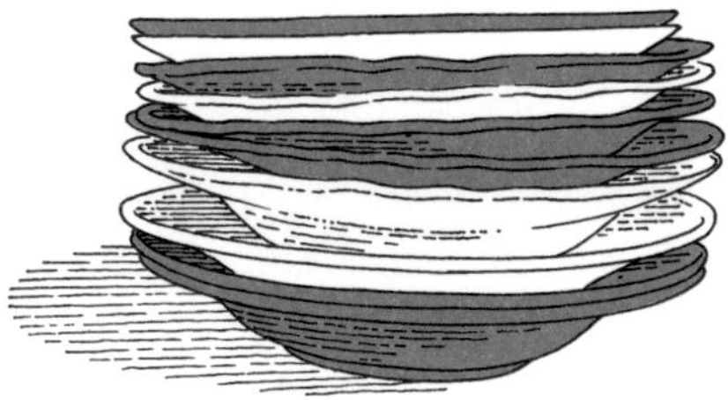

17. Jahrhunderts. Zu sagen, das 17. Jahrhundert sei den Frauen wohlgesonnen gewesen, wäre sicher falsch. Rechtlich gesehen wurden sie noch immer als ewig Minderjährige behandelt und das würde auch noch sehr lange so bleiben. Nur öffneten sich damals auch einige Fenster, durch die hindurch sie zwar noch nicht hinaus in die Freiheit rennen, diese aber doch zumindest schon mal riechen und klar vor Augen haben konnten. Die Kultur der Salons war ein solches Fenster. Der erste bekannte Salon, das legendäre »Blaue Zimmer« der Marquise de Rambouillet, versammelte zwar nicht nur, aber vor allem Frauen, gelehrte Frauen, die nach Wissen, Leben, Liebe, Abenteuer, vielleicht sogar Macht gierten. Sie trafen sich, um Ideen auszutauschen, einander ihre Schriften vorzulesen und sich gegenseitig den Mut zuzusprechen, den Virginia Woolf als Pendant zu guter Nahrung begriff: Mach weiter! Trau dich! Denk nach! Lerne! Träume groß! Sei hungrig! Schon damals versuchten die verunsicherten Männer die gelehrten Frauen lächerlich zu machen, indem sie sie »Précieuses« oder »Blaustrumpf« nannten und ihre gestochene Art sich auszudrücken imitierten.

Die Frauen ließen sich von diesem armseligen Gelächter allerdings kein bisschen verunsichern. Im Gegenteil: Ihre Befreiung nahm sogar Fahrt auf. Bis ins späte 18. Jahrhundert, im Grunde bis zur Französischen Revolution, übten sie durch die Salons einen wichtigen Einfluss auf das geistige und politische Leben des Landes aus, brachten die klügsten Köpfe ihrer Zeit zusammen und schufen Räume, in denen neue, revolutionäre Ideen entstanden. Vor allem aber, und das ist wichtig, brachten sie nicht mehr nur die Gedanken anderer auf den Weg, sondern schrieben auch selbst: Romane, wie die Britin Jane Austen. Briefromane, wie die deutsche Bestsellerautorin Sophie von La Roche. Feministische Manifeste, wie Mary Wollstonecraft. Ihr Werk »Zur Verteidigung der Rechte der Frauen« erschien 1792, ein Jahr nach der revolutionären Schrift »Die Erklärung der Rechte der Frau und Bürgerin« der Französin Olympe de Gouges, die für ihre Dreistigkeit, nicht nur die »Brüderlichkeit«, sondern auch die »Schwesterlichkeit« zu fordern, auf dem Schafott landete.

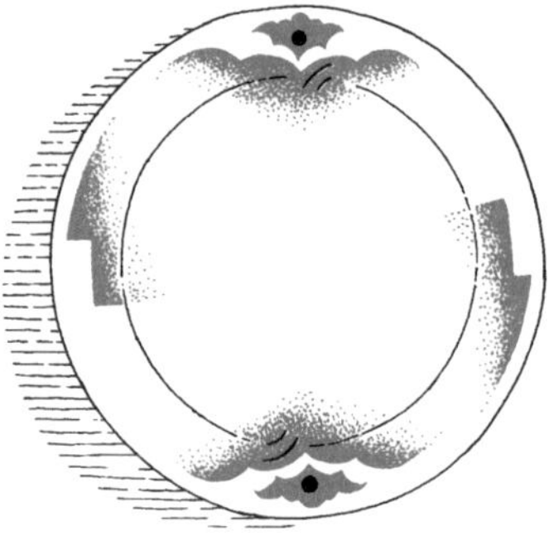

Dieses durch die weibliche Salon-Kultur angestoßene Erwachen des Selbstbewusstseins, das die Frauen dazu animierte, mehr zu fordern, muss die Männer furchtbar nervös gemacht haben. Zumal die Angst, die auf dem Liebesbaum-Teller abgebildet war, nämlich die vor Frauen, die sich nicht nur geistige, sondern auch körperliche Erfüllung zugestehen wollen, damals konkrete Formen annahm: Im Zuge der Libertinage-Kultur war es den Damen der französischen Aristokratie erstmals erlaubt, sich Liebhaber zu halten, ohne sich dafür verstecken zu müssen. Für kurze Zeit und natürlich nur in bestimmten Kreisen galt es als nahezu schick, wenn eine Frau mit ihrem derzeitigen Favoriten durch die Parks spazierte. Wenn Frauen anfangen, ihre Gedanken und ihre Sexualität zu erkunden, ist die verkehrte Welt nicht mehr weit entfernt. Das müssen die Männer damals (zu Recht!) geahnt haben. Und so entwickelte sich parallel zum weiblichen Hunger auf *mehr* eine Gegenbewegung, die ihnen ein für alle Mal beibringen sollte, *weniger* zu wollen und stillzuhalten. Heute nennt man das einen klassischen Backlash, damals hatte man dafür noch keine Worte. Der Liebesbaum-Teller war eines von vielen Elementen, die dazu beitragen sollten, den Appetit der Frauen zu zügeln und ihre Lust auf Leben, Liebe und Genuss, wenn schon nicht zu töten, dann doch zumindest mit Scham zu besetzen.

Es ist kein Wunder, dass man dieses Stück ausgerechnet zu Hochzeiten verschenkte. Die Eheschließung war für viele Frauen der Moment, in dem all ihre romantischen Illusionen zerbrachen. Im Kloster, in dem viele, vor allem Bessergestellte, aufgewachsen waren, hatten sie, dumm und naiv, wie man sie hielt, von edlen Rittern, Sanftheit und Glück träumen können, mit dem Eintritt in die Ehe kam jedoch meist nicht nur der Ehemann, sondern auch die Realität stampfend daher. Spätestens dann dürfte auch den Gutgläubigsten unter ihnen klar geworden sein, was es wirklich bedeutet, eine Frau zu sein: nämlich keinerlei Entscheidungskraft über das eigene Leben zu haben. Die gesamte Zukunft, das Glück oder Unglück einer Frau lag in den Händen ihres Mannes. Wenn sie zufällig an einen guten Typen geraten war: Umso besser! Wenn er sich als Tyrann oder Trottel herausstellte: C'est la vie! Man kann annehmen, dass diese quälende Feststellung der eigenen Ohnmacht bei einigen den Wunsch geweckt haben wird, zu rebellieren. Sie werden morgens in der Küche gesessen und gedacht haben, es müsse doch auch anders gehen. Egalitärer, glücklicher. Für alle. Sie werden aus dem Fenster geguckt haben, hinaus in die neblig kühle Landschaft, und gedacht haben: Auch ich kann dort hinauslaufen und die Welt erobern. Sie werden dieses warme Kitzeln gespürt haben, das sich breitmacht, wenn man im Begriff ist, etwas zu wagen. Doch dann sahen sie auf den Liebesbaum-Teller hoch (ich nehme an, er hing an der Wand), sahen, wie armselig die Frauen waren, die »wie Männer« sein wollten, und der Elan und das warme Gefühl verpufften. Sie begriffen, dass ihr Streben lachhaft war. Und wurden ganz still.

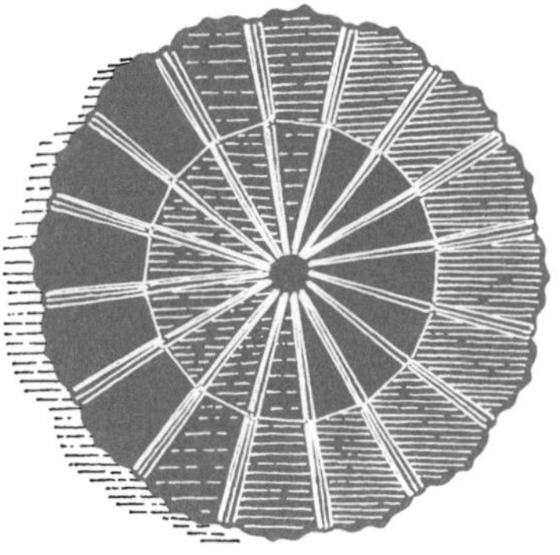

Ein Teller für die anderen

Nun bleibt eine Frage noch immer offen: Warum wurde den Frauen die Botschaft, sie sollten sich zügeln und bescheiden sein, ausgerechnet auf einem Teller überbracht? Gab es keinen besseren Weg, um in ihre Köpfe einzudringen und jegliche Ambition zu töten? Doch, die gab es, und man nutzte sie auch. Nur ist der Teller gerade zu dieser Zeit, oder besser gesagt ab dieser Zeit, ab dem späten 18. Jahrhundert, auf mehreren Ebenen von Bedeutung.

Der Teller setzte sich damals langsam und zum ersten Mal klassenübergreifend als zentrales Element der Esskultur durch. Ich möchte hier einen kleinen historischen Exkurs einschieben, für alle, die sich seit den ersten Seiten dieses Buches nach einer »Geschichte des Tellers« sehnen: Diese ist relativ jung und wahrscheinlich auch deshalb um einiges schlechter dokumentiert als, sagen wir, die des Bestecks. Das Messer begleitet uns seit der Steinzeit und die Gabel soll um das Jahr 1000 zum ersten Mal in Venedig aufgetaucht sein (eingeführt von einer Frau, die damit für einen Skandal sorgte), der Teller jedoch kam erst wesentlich später auf den Tisch. Einer der Gründe dafür wird sein, dass Essen viele Jahrhunderte lang eine kollektive und keine individuelle Angelegenheit war. Man aß nicht jeder für sich, sondern aus gemeinsamen Schüsseln, oft sogar mit geteiltem Besteck (einem Löffel). Zudem ernährten sich die meisten Menschen hauptsächlich von Suppen und Eintöpfen (also Essen für die Schüssel) und hatten nur selten Fleisch auf dem Tisch, sodass es keines Tellers bedurfte. In gehobeneren Kreisen soll man allerdings schon ab dem Mittelalter ein trockenes Stück Brot als persönlichen Untersatz genutzt haben, was unter anderem den Vorteil hatte, dass man nicht abwaschen musste. Man schob sich seinen durchtrieften »Teller« am Ende des Dinners einfach in den Mund oder warf ihn den Hunden vor. Gewöhnungsbedürftig, aber praktisch. Seinen ersten richtigen Auftritt hatte unser Teller Anfang des 16. Jahrhunderts in Italien, genauer in Mantua. Er muss dort für einiges Aufsehen gesorgt haben, vielleicht sogar für Neid – zumindest wirkt es so, wenn man liest, dass der französische Hof schon ein knappes Jahrzehnt später eine ganze Reihe dieser neumodischen Untersätze bestellte. Damals handelte es sich aber mehr um Präsentierteller als um individuelles Essgeschirr. Dieses verbreitete sich erst ab dem 17. Jahrhundert in der Aristokratie. Meist war es aus Metall, was dem Essen wohl einen komischen, vielleicht sogar unangenehmen Beigeschmack gab, und die Freude an der Sache wahrscheinlich etwas trübte. Erst als die Bourgeoisie sich knapp hundert Jahre später anmaßte, sich wie wild mit silbernen Platten einzudecken, wich die Noblesse vom nunmehr degradierten Metall-Untersatz ab und aß

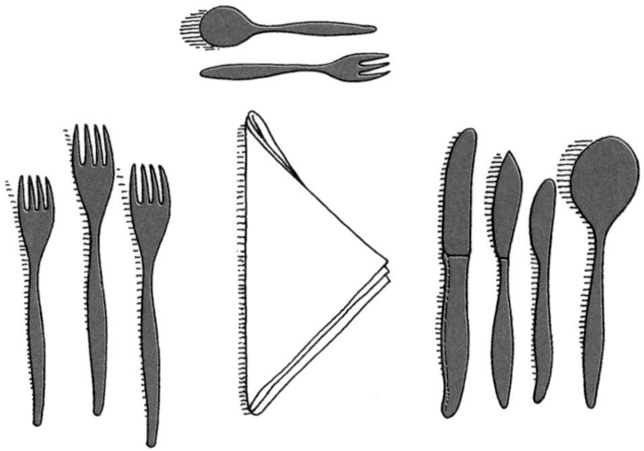

fortan aus Porzellanware. Der Teller, wie wir ihn kennen, war geboren. Berühmte Manufakturen wie die französische »Manufacture royale de porcelaine de Sèvres« oder die deutsche »Porzellanmanufaktur Nymphenburg« entstanden damals, Mitte des 18. Jahrhunderts, um dem wachsenden Bedarf der Elite nach ausgefallenen, schön dekorierten oder gar personalisierten Stücken nachzukommen. Ab dem 19. Jahrhundert demokratisierte sich dann allerdings auch diese Form, Menschen speisten von nun an klassenübergreifend aus Porzellan- oder Keramik-Tellern. Wobei man auch hier Wege fand, sich über den Teller von anderen abzuheben: natürlich über das, was darauf kredenzt wurde – das Essen wurde zunehmend wichtig –, aber vor allem auch über Anzahl und Diversität der Tischware. Wer sich für besonders wichtig oder schick hielt, nutzte nun statt einem Teller pro Mahl eine ganze Fülle an unterschiedlichen Tellern: große, kleine, schlichte, verzierte, flache, tiefe. Im Grunde gilt das Prinzip bis heute: In der Pizzeria um die Ecke isst man zu überschaubaren Preisen von einem simplen Teller, im haarsträubend teuren Gourmet-Tempel werden einem zehn kleine aufgetischt. Man hat womöglich die gleiche Menge an Nahrung zu sich genommen, nur wurde aus dem einfachen und schnellen Ernähren eine Zeremonie, eine nahezu theatralische Inszenierung mit mehreren Akten und dazugehörigem Geschirr. Damals war das neu. Bis dahin war die gängigste Art des Anrichtens das sogenannte »service à la française« gewesen, bei dem, ähnlich wie bei einem Buffet, mehr oder weniger alle Speisen auf dem Tisch standen und jeder sich nahm, was ihm gefiel, ohne besondere Ordnung und ohne aufwändigen Tellerwechsel. Von nun an allerdings galt es als distinguiert, das »service à la russe« zu bevorzugen. Also das Essen in Etappen, mit mehreren Stationen, Vorspeisen, Hauptgerichten, Beilagen, Nachtischen, für jeden Gang gab es eigene Teller, die hinein- und hinausgetragen wurden. Dass dies für die Hausfrauen des Mittelstands fünfmal so viel Arbeit bedeutete, interessierte niemanden, vielleicht war es sogar Teil des Plans. Doch dazu später mehr. Es ist interessant festzustellen, dass gerade in den letzten Jahren, besonders in Frankreich, dem Mekka in Sachen Tischkultur, eine Bewegung weg vom »service à la russe« zurück zum »service à la française« stattfindet und man in vielen Restaurants in Paris als nahezu asozial gilt, wenn man einen großen Teller für sich statt viele kleine Teller zum Teilen haben möchte. Ich frage mich, was das wohl über die Gegenwart aussagt.

Ebenso wie die Tatsache, dass viele junge Menschen (ich inbegriffen) heute lieber aus Schalen und Schüsseln als aus Tellern essen.

Doch kommen wir zurück zum Liebesbaum-Teller. Da der Teller sich also langsam, aber sicher, als Alltagsgegenstand etablierte und Teil eines jeden Haushalts wurde, war er ein ideales Vehikel, um den Frauen täglich diskret zuzurufen: »Macht euch nicht so breit, seid nicht so gierig, das ist peinlich!« Davon abgesehen machte der Teller als Vermittler dieser Botschaft besonders auf symbolischer Ebene Sinn. Denn man begann damals paradoxerweise, den weiblichen Hunger dadurch einzudämmen, dass man die Konzepte »Frau« und »Nahrungsaufnahme« eng miteinander verband: Just zur selben Zeit, als man jungen Bräuten in Frankreich einen Liebesbaum-Teller in die Hand drückte, brütete am selben Ort, in Paris, eine Gruppe von Männern über einer Idee, die dasselbe Ziel verfolgte wie das Porzellanstück, also die Frauen klein und gefügig zu halten. Um dies zu erreichen, erklären Herren wie Denis Diderot, aber auch viele Ärzte, damals in einem beeindruckenden Anfall von »mansplaining«, das »wahre Wesen« der Frau entdeckt zu haben und nun viel besser als sie zu wissen, was sie ist, wer sie ist, was sie kann, aber vor allem: Was sie braucht. Sich ihren eigenen körperlichen und geistigen Wünschen hinzugeben war, wie zu erwarten, nicht Teil dieser »Natur«. Es liege im »Wesen« der Frau, ihren eigenen Hunger einzudämmen und sich ausschließlich dem der anderen zu widmen. Dem des Ehemanns natürlich, aber auch, und das war neu, dem ihrer Kinder. Man weiß es wahrscheinlich, kann es aber nicht oft genug sagen: Unsere Vorstellung, jede Frau sei eine geborene Mutter und zergehe so sehr im Mutterglück, dass sie sich kaum noch etwas anderes zu wünschen vermag, ist eine freie Erfindung des 18. Jahrhunderts.

Ebenso wie die damit verbundene Pflicht des Stillens, die sich ebenfalls damals etablierte. Zuvor war es in den besseren Kreisen seit dem 17. Jahrhundert nahezu undenkbar gewesen, sein Baby selbst zu ernähren. Man schickte es für die ersten zwei, drei Jahre zu einer Amme aufs Land oder holte sich eine ins Haus, die Brust der eigenen Mutter berührte sein Mund in den meisten Fällen nie. Frauen arbeiteten im gemeinsamen Geschäft oder hatten soziale Verpflichtungen, sie hatten schlicht keine Zeit und wahrscheinlich auch keine Lust, stunden- und tagelang still dazusitzen. Das Ernähren, also Stillen, Kochen und so weiter gehörte nicht zu ihren primären Aufgaben, Immobilität war nicht ihre übliche Daseinsform. Doch nun erklärte man ihnen, ihre Herangehensweise an die Mutterschaft sei egoistisch und der Grund für die hohe Sterblichkeitsrate der Neugeborenen. Zudem verstoße es gegen die mittlerweile fast jede Erniedrigung und Unterdrückung legitimierende »Natur«, sich für etwas anderes zu interessieren als sein Baby. Laut Männern wie dem hochgeschätzten Erziehungstheoretiker Jean-Jacques Rousseau waren Frauen dazu geboren, sich selbst in eine Art Teller zu verwandeln, immer prall gefüllt und gefügig zu sein und wenig mehr zu tun, als ihr Baby über ihren eigenen Körper zu füttern. Sie waren im Grunde genommen dazu da, gefressen zu werden. Um es ihnen doch ein bisschen schmackhaft zu machen, erklärte man, dies sei keine Strafe, sondern eine fantastische Beförderung. Hatten sie sich nicht seit Jahrzehnten eine neue Position gewünscht? Hatten sie nicht den Wunsch geäußert, mehr Einfluss zu nehmen? Dann war ihre Zeit jetzt gekommen: durch das

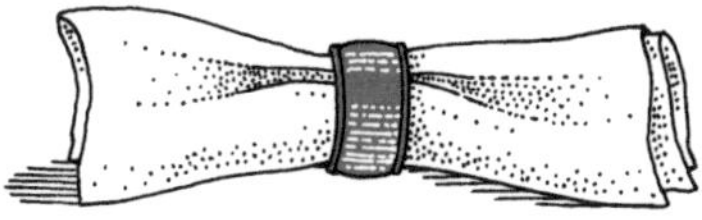

Stillen würden sie von nun an die Verantwortung für die Erziehung des Bürgers von morgen übernehmen, schließlich beginne das Lernen mit dem ersten Tropfen Muttermilch, so Rousseau. Es war ein perfider, aber cleverer Plan: Man tat so, als würde man den Frauen etwas geben, fesselte sie zugleich aber auch an ihr Heim. Man reduzierte sie auf ihren Körper, isolierte sie in einem geistig wenig beflügelnden Tête-à-Tête mit ihrem Baby und ernannte sie zur Hüterin der neuen Familienordnung: dem klassisch klaustrophobischen Mama, Papa, Kind.

Denn wo Familie bisher etwas recht Vages gewesen war und Menschen in einem fröhlichen Durcheinander aus Tanten, Onkeln, Cousins, Bekannten, Nachbarn und Freunden zusammengelebt hatten, definierte man die Familie ab dem 19. Jahrhundert sehr starr und eng als Kleinfamilie. Die Frau sollte diese beschützen, nur darin hatte sie ihre Funktion. Es mag daran liegen, dass Mutter und Kind das Herz dieses neuen Gebildes waren und ihr Verhältnis zueinander primär auf der Nahrungszufuhr basierte, vielleicht hat es auch andere Gründe, so genau weiß ich es nicht. Auf jeden Fall nahm das Essen in dieser Familienstruktur einen essenziellen Platz ein. Von nun an ging es nicht mehr nur darum, sich zu ernähren, sondern darum, Intimität zu schaffen und den Zusammenhalt der Familie durch das gemeinsame Essen zu sichern. Man kann das gut an der Neuordnung des bürgerlichen Hauses sehen: Bis dahin aß man, wenn man nicht gerade der Noblesse angehörte, mehr oder weniger irgendwo, jetzt nutzte man dafür einen speziell eingerichteten Raum: das Esszimmer. Hier traf sich die Familie jeden Tag mindestens drei Mal, hier führte sie Gespräche und lernte sich in gewisser Weise kennen und lieben. Ich nehme an, der dämliche, da immer nur an Frauen gerichtete Spruch, »Liebe geht durch den Magen«, stammt aus dieser Zeit. Immerhin galt das Kochen und Anrichten der Teller jetzt nicht mehr, wie noch hundert Jahre zuvor, als »richtige« Arbeit, die man sich mit Angestellten und Profis teilte, sondern als Liebesbeweis der Frau an die Familie. Etwas auf den Tisch »zu zaubern«, sich Mühe zu geben mit dem Gedeck und den Gerichten, sich kaum etwas anderem zuzuwenden als dem Ausdenken und Zubereiten von Speisen und dem Auf- und Abdecken des Geschirrs bedeutete, seine Familie zu lieben. Es nicht zu tun, war ein Verrat an dieser Liebe und damit auch an der Gesellschaft.

Denn diese begann damals insgesamt, sich sehr stark über das Essen zu definieren. Man kennt den Ausdruck »Sag mir, was du isst, und ich sage dir, was du bist«. Er stammt aus dieser Zeit, genauer aus dem Jahr 1825. Der Gastrosoph Jean Anthelme Brillat-Savarin (ja, sein Name ziert heute auch einen köstlichen Käse!) formulierte ihn damals in seiner »Physiologie des Geschmacks« und unterstrich damit die Tatsache, dass Nahrung in der Gesellschaft (besonders der französischen, aber nicht nur) zu einem Distinktionsmerkmal wurde. So wie man heute glaubt, an den Geschmäckern von Leuten oder an ihren Einkäufen auf dem Supermarkt-

band ihre Identität, ihre politische und sexuelle Neigung erraten zu können, wurde das Essen auch im 19. Jahrhundert zu einem Zeichen. Man drückte durch das, was man aß und wie man es aß, aus, woher man kam, wohin man wollte, was für eine Art Mensch man war. Die Annahme, das Essverhalten sage viel, wenn nicht alles über eine Person aus, hat sich bis heute gehalten. Meine Mutter erzählt mir zum Beispiel oft, wie meine französische Großmutter ihre Schulfreundinnen beim ersten Besuch bei ihr zu Hause zuverlässig mit einem Test quälte: Sie tischte ihnen zum Dessert einen Pfirsich auf, den sie mit Messer und Gabel essen sollten. Wer dabei versagte und seinen Pfirsich durch den Raum schoss (so wie Julia Roberts die Schnecken in »Pretty Woman«), galt meiner Großmutter als unwürdig und wurde nie wieder eingeladen. Schlechte Tischmanieren sprachen in ihren Augen, ganz in der Tradition von Brillat-Savarin, für einen schlechten Charakter.

Da Frauen, wie wir wissen, zur ersten Erziehungsinstanz ernannt worden waren, war es wichtig, dass sie vorbildlich waren, deshalb begutachtete man ihre Teller fortan besonders aufmerksam und kritisch. Wenn Männer schmatzende Vielfraße waren, war das in Ordnung, sie hatten ja andere Qualitäten. Die der Frauen lagen jetzt allerdings, ganz im Sinne des »Stillens«, maßgeblich darin, Haltung oder besser gesagt Zurückhaltung zu zeigen. Sie sollten beim Essen quasi performativ unterstreichen, was man seit Rousseau als ihre »Natur« ausgab: Sie hatten höflich und diskret aufzutreten, nicht langweilig, aber auch nicht zu eigen zu sein. Laut lachen oder sich, wie zu Zeiten der Salons, zu allerlei Themen zu äußern, war nicht erwünscht, galt sogar als extrem unhöflich. Eine Frau hatte lebendig genug zu sein, um Leben zu schenken und es durch ihren eigenen Körper zu nähren, ihre eigene Lebendigkeit aber so in Schach zu halten, dass sie damit niemandem auf die Nerven ging. Und wie könnte man das besser als durch weniges und schlechtes Essen erreichen? Frauen verbrachten jetzt zwar die meiste Zeit zwischen Babys, Tellern und Töpfen, kochten und brüteten endlos über Rezepten, aßen selbst aber wenig und meist die Reste der anderen, der Männer. Man kennt das von Familienessen in konservativen Kreisen: Wenn die Hausfrau das schönste Stück Braten auf die Serviergabel aufgespießt hat, ruft sie selten nach dem Teller einer Tochter. Es wird fast immer nach dem eines Mannes verlangt, so als läge die Zukunft der Familie bis heute auf den männlichen Schultern. So als sei es noch immer maßgebend, dass die Jungs gedeihen, groß, stark, dynamisch und kreativ werden, und als sei das Wachsen der Mädchen nebensächlich. Sicher wird den wenigsten Müttern bewusst sein, was sie damit zwischen den Zeilen sagen. Nämlich: Stell dich hinten an, du gehörst in die zweite Reihe. Von dir ist ohnehin nicht

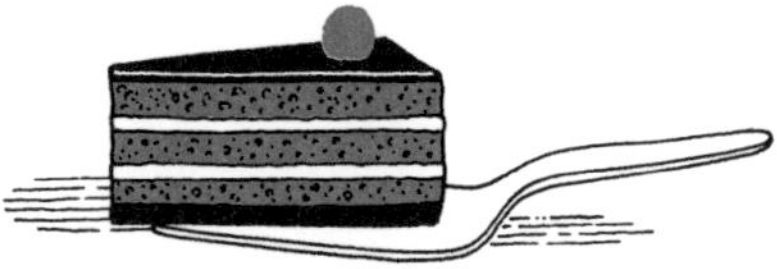

viel zu erwarten. Damals machte man es sich ganz einfach und bequem, man legte sich das Wesen der Frau so zurecht, dass es ins Schema passte: Frauen sollten nicht zu viel Platz einnehmen und in jeder Hinsicht schmal und fragil sein (der Dichter Lord Byron, der wohl selbst ein kompliziertes Verhältnis zum Essen hatte, befand, Dünnsein spreche für Intelligenz, Molligsein wiederum für geistige Plumpheit), also behauptete man einfach, sie hätten »von Natur aus« weniger Appetit. Man sagte, sie hätten keinen Hunger und würden nur ganz leichte Speisen vertragen, das richtige, das »männliche« Essen sei zu schwer für sie. Es ist interessant, dass die Idee des geringen Hungers der Frauen zeitgleich propagiert wurde wie das Gerücht, Frauen hätten »von Natur aus« weniger oder gar keine Lust auf Sex (bis dahin dachte man das genaue Gegenteil).

Es macht ja auch Sinn: Essen und Sex sind zwei Momente der Lust, wer sich dabei arg zurückhält und ängstlich selbst beobachtet, wird wahrscheinlich wenig Freude daran haben. Und das sollte im Falle der Frauen ja auch so sein. Beide Regungen, der Hunger nach Essen und der nach körperlicher Liebe, waren in den Köpfen der nunmehr höchst puritanisch veranlagten Gesellschaft derart eng miteinander verbunden, dass man sogar glaubte, man könne Schlüsse vom einen zum anderen, also vom Teller zum Bett, ziehen. Für Frauen muss das Essen dadurch zu einem Balanceakt geworden sein, schließlich war ihre Tugend ihr nahezu einziger Besitz. Die Gefahr, sich über den Teller zu outen, also über die Art und Weise, wie sie ihn füllten, wie viel sie auf ihn luden, wie schnell oder langsam sie ihn leerten, unwillentlich etwas von sich preiszugeben, war extrem hoch. Wenn eine Frau zum Beispiel in der Öffentlichkeit ihre Leidenschaft für Brot, Butter oder Milch kundtat, konnte sie sicher sein, sich lächerlich zu machen. Sie gab damit zu, sexuell unersättlich zu sein (nicht gut!). Ähnlich war es, wenn eine junge Dame Fleisch aß. Man sagte dann: Sie hat eindeutig gerne Sex (kein Kompliment!). Aß sie viel davon und mit großer Lust, erklärte man sie umweglos zur Nymphomanin (Katastrophe!). Man könne am Essverhalten auch sehen, ob eine Frau masturbiere, erklärte Mary Wood-Allen Anfang des 20. Jahrhunderts in ihrem Ratgeber »What a young girl ought to know« den besorgten Müttern: Eine Tochter, die sich schamlos dem Onanismus hingebe, werde einen »unnatürlichen« Appetit auf Senf, Pfeffer, Essig und Gewürze an den Tag legen, hieß es da. Und da es offenbar auch andersherum funktionierte, also nicht nur vom Sex zum Essen, sondern auch vom Essen zum Sex, riet man den Damen, ihre pubertierenden Töchter grundsätzlich von Dingen wie Kaffee, Kakao, Tee, Fleisch, warmem Brot, Nüssen und Rosinen fernzuhalten, wenn sie ihre Sinnlichkeit nicht aus Versehen wecken wollten. Kekse waren für Frauen in Ordnung, da bewegte sich offenbar nicht viel. Alles andere, alles Herzhafte oder mit Gewürzen Angereicherte war tabu. Nicht nur, weil es ihren Charakter verderben, ihre (sexuelle) Fantasie in Schwung bringen und sie somit wahrscheinlich in den Wahnsinn treiben würde (ein bisschen so wie das »gefährliche« Lesen von Romanen), sondern auch, weil es sie angeblich hässlich machte. Eine damals kursierende Geschichte besagte, Charlotte von Stein habe die Liebe von Goethe verloren, weil sie, Achtung, so gerne Würste aß und Kaffee trank und deshalb scheußlich wurde.

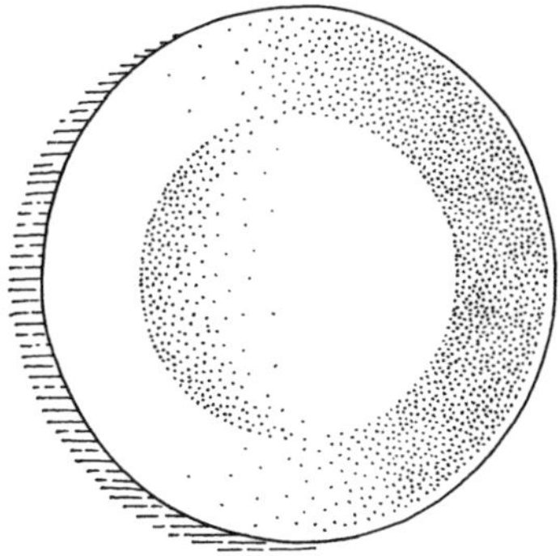

Der Teller der Rebellion

Es muss so mancher jungen Frau oft vorgekommen sein, als säße sie vollkommen nackt am Tisch. Man beobachtete ihre Teller auf so eindringliche Weise, kommentierte sie, versuchte über die Porzellanplatte wie durch ein Schlüsselloch in ihre Intimität zu lugen, dass es sich angefühlt haben muss wie ein furchtbarer Übergriff, eine Störung ihrer körperlichen Integrität. Wenn man sich vorstellt, welch gesellschaftliche und familiäre Last auf den Tellern lag und wie stark diese mit der restriktiven und deprimierenden Idee von Weiblichkeit verbunden war, ist es kein Wunder, dass viele Mädchen in der Pubertät und junge Frauen genau diesen Ort wählten, um wortlos zu sagen: Es reicht!

Wie? Einfach, indem sie nicht mehr elegant und bedacht aßen, also gerade genug, um nicht »zu viel«, aber auch nicht »zu wenig« zu sein, sondern das Essen komplett verweigerten. Sie rührten ihre Teller kaum noch an und kappten damit den Informationsfluss. Ihr Umfeld konnte sie nicht mehr über das Essen bespitzeln, der Teller wurde vom Schlüsselloch zur undurchlässigen Wand. Spätestens ab den 1850er-Jahren soll man besonders in der Mittel- und Oberschicht in fast jeder Familie Mädchen angetroffen haben, die mit Beginn der Pubertät eine Abneigung gegen Essen entwickelten (besonders gegen Fleisch) und irgendwann gar nichts mehr zu sich zu nahmen. Es war der Anfang der bis heute grassierenden Magersucht, der Anorexia nervosa, als Krankheitsbild.

Nun muss man dies natürlich relativieren. Hungernde Frauen hat es immer gegeben, und perfiderweise erlangten sie damit fast immer so etwas wie Macht. Im Mittelalter zum Beispiel wurden Frauen, die nicht aßen und sich »aus Liebe zu Gott« halb zu Tode fasteten, als Heilige angesehen. Die berühmte Katharina von Siena soll sich ihr Leben lang von jeweils einer Hand voll Kräutern ernährt haben, die Heilige Veronica aß angeblich die ganze Woche über nichts und »gönnte« sich, so heißt es, immer nur freitags ein Festmahl aus drei Orangenkernen. Das Fasten wurde damals als ein Zeichen der Reinheit angesehen, als Befreiung von der sündhaften Körperlichkeit, oder genauer: der sündhaften Weiblichkeit. Es war, als wollten die Frauen sich durch das Zügeln ihres Appetits vom zu großen Hunger der Eva distanzieren, immerhin hatte diese die Menschheit in die Katastrophe gestürzt, weil sie unbedingt von der verbotenen Frucht (des Wissens) kosten wollte. Ab dem 17. Jahrhundert grassierte in Europa, besonders in England, aber auch in Amerika, ein ebenso erschreckendes wie faszinierendes Phänomen: Damals hörte man immer öfter von Frauen zwischen etwa zwölf und zwanzig Jahren, die angeblich seit Monaten nichts gegessen hatten, aber trotzdem überlebten.

Man nannte sie die »Fastenden Mädchen« und feierte sie als Wunder. Menschen reisten an, um sie anzuschauen, man wollte sie anfassen, in ihrer Nähe sein, sagte, Gott habe sie auserwählt und vom degradierend animalischen Kreislauf von Essen, Verdauen, Ausscheiden befreit. Die jungen Frauen, oft Mägde, wurden berühmt und teilweise reich. Es ist schon haarsträubend: Zur selben Zeit, zu der man sich, wie auf unserem Liebesbaum-Teller, über gelehrte Frauen und ihren Appetit lustig machte, feierte man andere Frauen dafür, dass sie nicht aßen und somit freiwillig ihren Lebenselan schwächten.

Nur nahm das Nicht-Essen der Frauen im 19. Jahrhundert neue Dimensionen und eine neue Bedeutung an, die eindeutig mit der Rolle der Frau als Ernährungsinstanz und ihren freudlosen Lebensaussichten verbunden war. Vor allem die französische Bourgeoisie soll von der Magersucht-Welle hart getroffen worden sein, was ja auch Sinn macht, wenn man bedenkt, wie wichtig das Essen und die Tischkultur dort damals wurden und bis heute sind. Nicht zu essen, wenn das Essen nebenbei passiert und für nichts steht, wird kaum einen Effekt haben. Es aber in einer Welt zu tun, in der es als Ausdruck der Liebe füreinander und als Symbol eines ganzen Wertesystems zelebriert wird, muss als entsetzlicher Affront empfunden worden sein, als Angriff auf die geltende Ordnung, als erneuter, wenn auch recht verzweifelter Versuch, eine verkehrte Welt zu schaffen. Indem sie den Akt des Essens verweigerten, lehnten sich die Frauen gegen die Kleinfamilie und den Platz der Frau darin auf. Nicht zu essen bedeutet ja nicht nur, nicht am Familienleben teilzunehmen und den anderen den Spaß zu verderben, sondern auch: nicht zu wachsen, nicht fruchtbar zu werden, somit nicht verheiratet werden zu können, ergo, sich dem gesamten »natürlichen« Zyklus des Lebens als Frau zu entziehen. Die hungernden Mädchen nutzten den Teller ein bisschen so wie einst die Männer den Liebesbaum-Teller, nur mit umgekehrter Nachricht. Indem sie ihn nicht mehr anrührten, sagten sie wortlos: Das Leben, das ihr uns anbietet, ist nicht lebenswert, lieber sterben wir, als eine so eng geschnürte Existenz zu führen.

Interessant ist, dass die Frauen sich zwar auflehnten, es aber im für sie vorgesehenen Rahmen taten. Sie verstießen mit dieser Form der nonverbalen Kommunikation kein bisschen gegen die Gebote der Schweigsamkeit und der Zurückhaltung, sondern trieben die »weiblichen Werte« einfach »nur« auf ihre makabre Spitze: Sie würden nicht nur elegant schmal, sondern das Auge schmerzend mager sein. Nicht angenehm passiv, sondern beunruhigend schwach. Nicht diskret dasitzen, sondern einfach ganz verschwinden. Man hatte die Frauen so sehr auf ihren Körper reduziert und diesen, ebenso wie ihren Geist, so sehr zu einem Ort gemacht, den andere ausbeuten durften, dass sie keine andere Möglichkeit der Befreiung sahen, als ihn zu zerstören. Der Teller wurde zum Ausdrucksmittel derer, denen man das Recht verweigerte, sich auszudrücken, und denen man die Fähigkeit, Wünsche klar zu formulieren, nie beigebracht hatte. Die Hoffnung wird gewesen sein, die gesamte Familie und die Gesellschaft mit in den Abgrund zu reißen. Inwieweit das glückte, ist fraglich. Wahrscheinlich ist, dass man die meisten von ihnen als hysterisch abstempelte und ins Irrenhaus steckte, so wie man überhaupt alle wegsperrte, die sich nicht an die Normen des Systems anpassen wollten oder konnten. Der Spiegel, den die Frauen der patriarchalen

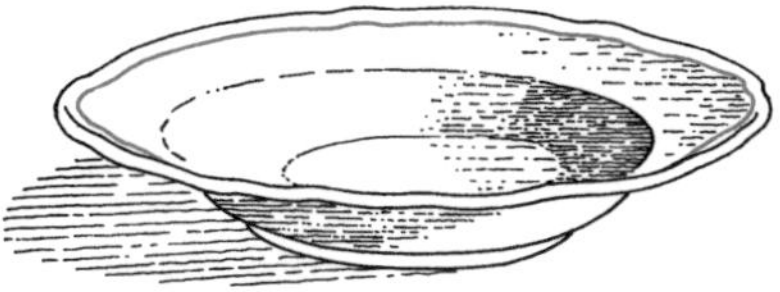

Gesellschaft durch den Teller vorzuhalten versuchten, war derart störend, dass man ihn einfach verdeckte.

Die Magersucht als erfolgreiche Rebellion hinzustellen, wäre gefährlich und auch falsch. Sie brachte das Modell der Hausfrau und Mutter nicht zum Sturz, vielleicht noch nicht einmal ins Wanken. Und doch scheint sich die ungesunde Idee verbreitet zu haben, dass Frauen, die das Essen ablehnen, die Ordnung zumindest für einen kurzen Moment stören und die Männer verunsichern. Das beste Beispiel dafür sind die britischen Suffragetten: Im 19. Jahrhundert demonstrierten die wenigen Frauen, die der Mutterlüge nicht auf den Leim gegangen waren, noch friedlich mit Plakaten und Flugblättern. Sie waren davon überzeugt, man würde ihnen am (immerhin von ihnen gedeckten) Tisch der Welt schon einen Platz machen, wenn sie nur freundlich danach fragten und gute Argumente sowie große Geduld aufbrächten. Nur dämmerte nach zwei, drei Jahrzehnten des erfolglosen Bittens auch einigen, dass sie es mit höflichem Fingerheben wahrscheinlich nicht weit bringen würden. Sie verstanden, dass sie schon gewaltig auf den Tisch hauen müssten, damit man sie überhaupt bemerkt, und griffen dementsprechend zu anderen Mitteln. Besonders die Ladies um die Britin Emmeline Pankhurst und ihrer Women's Social and Political Union führten ab Beginn des 20. Jahrhunderts radikale Methoden ein: Angriffe auf öffentliche Einrichtungen. Bombenanschläge. Und vor allem: den Hungerstreik.

Heute ist er ein bekanntes politisches Druckmittel, nur denkt man selten daran, dass es Frauen waren, die die Idee des Körpers als politische Waffe aus ihrer Machtlosigkeit heraus erfanden. Der Legende nach machte Marion Wallace-Dunlop, eine von Pankhursts »Soldatinnen«, den Anfang. 1909 hatte man sie nach einer Straßendemo in London festgenommen und sie in das Holloway-Gefängnis für Frauen gesperrt. Statt als politische Gefangene, wie sie das wünschte, hatte man sie als gewöhnliche Kriminelle eingestuft, was sie so ungeheuerlich fand, dass sie aus Protest das Essen verweigerte. Der Legende nach soll ein Arzt sie nach einigen Tagen gefragt haben, wovon sie denn leben wolle, wenn sie ihren Teller stets unangetastet zurückschickte. »Von meiner Entschlossenheit«, sagte sie, er antwortete: »Nicht sehr ver-

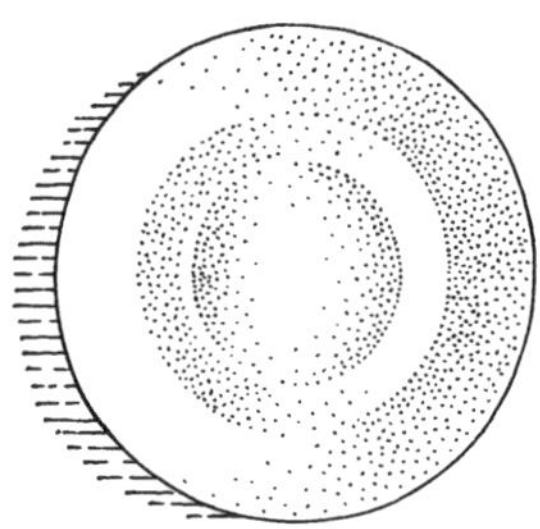

daulich, aber tough, keine Frage.« Als sie schließlich nach wenigen Tagen freigelassen wurde, etablierte sich folgendes Prinzip: Wurde eine Frau festgenommen, trat sie sofort in den Hungerstreik und zwang die Haftanstalt damit, sie zu entlassen, wenn sie nicht ihren Tod auf dem Gewissen haben wollte. Der Hungerstreik wurde fortan so systematisch eingesetzt, dass die Suffragetten sogar eine Hungerstreik-Medaille entwarfen: ein Abzeichen aus Metall und Stoff, violett-grün-weiß gestreift, auf dem der Beginn und das Ende jeder Hungerstreik-Periode vermerkt wurden. Man überreichte es den Suffragetten am Morgen ihrer Entlassung bei einem üppigen Frühstück. Pankhurst beschrieb diese neue Methode der Rebellion 1913 in einer Rede in den USA, die unter dem Titel »Freiheit oder Tod« in die Geschichte einging. Sie erklärte darin, die Suffragetten würden die Regierung durch ihren Streik vor eine unmögliche Wahl stellen: den Frauen das Wahlrecht zugestehen oder ihren Tod verantworten. Dies, so sagte Pankhurst, sei nicht weniger als ein Krieg. Einer, den man über Teller austrug.

Nur hatte die britische Regierung natürlich nicht im Geringsten vor, sich von ein paar Frauen und ein wenig Porzellan erpressen zu lassen: Wenn die Frauen nicht freiwillig essen wollten, würde man sie eben dazu zwingen. Jeder, der schon einmal über eine Sonde ernährt wurde, weiß, wie unangenehm und leicht erniedrigend es ist, wenn Ärzte einem einen Schlauch in den Hals schieben. Wenn man sich dagegen wehrt, wird die Sache zur Tortur. Und natürlich taten die Frauen genau das. Sie wehrten sich mit Händen und Füßen. Die Berichte über diese Episode der Frauengeschichte sind entsetzlich brutal: Man hielt die Frauen auf ihrem Stuhl fest, riss ihnen den Mund mit einer Zange auf, kratzte ihnen den Rachen und die Lippen blutig, manche übergaben sich, manchmal landete das Gebräu aus Milch und Mehl auch in ihrer Lunge. Es war fraglos eine Folter. Glücklicherweise waren die Suffragetten gewiefte Ladies, die sich der Medien und der öffentlichen Meinung zu bedienen wussten: Sie machten den Skandal der Zwangsernährung publik und lösten damit eine derartige Welle der Empörung aus, dass die Regierung sich etwas anderes überlegen musste. Es war der Beginn der »Prisoners Temporary Discharge for Ill Health Act«-Phase. Statt die Frauen zum Essen zu zwingen, ließ man sie diesem neuen Gesetz entsprechend frei, kurz bevor sie kollabierten, nahm sie aber sofort wieder fest, sobald sie wieder halbwegs auf den Beinen waren. Die Suffragetten nannten das Gesetz spöttisch den »Cats and Mouse Act« und meinten, die Regierung spiele mit ihnen wie die Katze mit der Maus: Sie jagt sie noch eine Runde durch den Raum, bevor sie sie endgültig verspeist. Der Kampf zwischen der Regierung und den Frauen war unerbittlich und fand nunmehr fast ausschließlich über ihre Körper und das Essen statt.

Es wäre sicher übertrieben zu behaupten, die Britinnen hätten das Wahlrecht 1918 (ab dreißig Jahren) nur dank der Hungerstreik-Methode erlangt. Es war vielmehr der kulminierende Punkt einer schon vor Jahrzehnten in Gang gesetzten Bewegung und eines international mit diversen Mitteln ausgetragenen Kampfes. Allerdings scheint das Nicht-Essen eines der effektivsten gewesen zu sein. Die Feststellung ist nicht überraschend, aber ernüchternd: Als die Frauen noch versuchten, sich mit ihrer Stimme durchzusetzen, also mit Worten und Argumenten, ignorierte man sie konsequent. Erst als sie ihre Körper nutzten, als Waffe, nicht als Projektionsfläche oder nährende Instanz, wurden sie von den Herren gehört. Das Armdrücken, das über den Tellern ausgetragen wurde, ging erstmals zugunsten der Frauen aus. Nur leider noch immer auf Kosten ihrer eigenen Fähigkeit, sich Freude, Genuss, Lust und Überschwang zu gönnen.

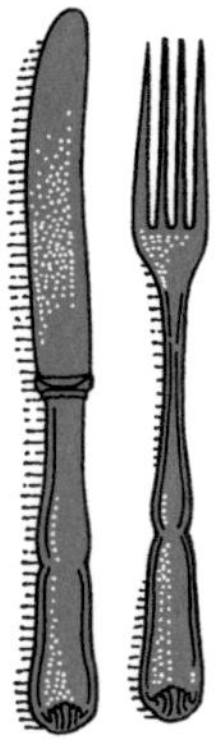

Der Teller der Freiheit

Es ist ein sympathisches Phänomen des Lebens, dass die Welt einem immer dann, wenn man sich gerade besonders intensiv mit etwas beschäftigt, permanent Dinge zuspült, die damit zu tun haben. Ein solches Ding fiel mir vor einigen Wochen in die Hände. Es ist ein Buch und wurde Ende des 19. Jahrhunderts von der amerikanischen Autorin Elizabeth Robins Pennell geschrieben. Es heißt: »The Feasts of Autolycus: The Diary of a Greedy Woman«. Darin schreibt sie, etwa zur selben Zeit, zu der Frauen begannen, auf den Straßen für ihre Rechte zu demonstrieren, und junge Mädchen versuchten, über ihren heimischen Tellern zu rebellieren, dass es schon eine kuriose Sache sei, dass die Frauen mit solcher Verve für das Wahlrecht kämpfen, sich aber nie für etwas an sich mindestens ebenso Bedeutendes einsetzen würden wie das Recht auf Genuss. Zwar gelte die Völlerei den meisten als Sünde, dabei müsste sie doch in Wahrheit als Tugend angesehen werden, fand sie, ganz zu Recht: Schließlich wurde noch nie etwas Großes, Interessantes, Bedeutendes, Aufregendes mit mäßigem Hunger erreicht. Robins Pennell ärgerte sich darüber, dass die Frauen zwar immer und überall für das Essen zuständig waren, damit selbst aber nur Unlust verbanden. Sie würden es sich verbieten, Appetit zu zeigen oder ihn auch nur zu empfinden, würden sich selbst kasteien, nur um den Männern zu gefallen. Absurd, fand sie. Statt für ihre vermeintliche Attraktivität zu hungern und sich als tugendhafte Ehefrau einsperren zu lassen, sollten die Frauen endlich ein Verhältnis zum Essen entwickeln, dass ihrer eigenen Lust und Freude, nicht den Erwartungen anderer entspreche.

Ihr Text ist sagenhaft fortschrittlich und amüsant. Sie plädiert dafür, sich von Geschmäcken und Gerüchen mitreißen zu lassen und sich alles auf den Teller zu packen, was Freude macht, statt sich selbst kleinzuhalten und gelangweilt auf einem öden Teller herumzustochern. Frauen sollten alles probieren, was sie anspricht, sie neugierig macht und inspiriert, alles kosten, und lernen, was ihnen schmeckt. Eine, wie sie schreibt, »triumphierende Tomate« zum Beispiel, ein knuspriges »Frühlingshühnchen«, einen Teller Maccaroni oder, wie sie es nennt: »einen Teller voll Sonne«. So wie etwas später Virginia Woolf glaubte auch Elizabeth Robins Pennell, dass die Liebe zu gutem Essen zwar kein Genie herzaubern kann, wo keines vorhanden ist, die Fähigkeit zu genießen aber durchaus dabei helfen würde, bereits angelegte Talente auszubauen. Einfach weil gutes Essen auch den Geist kitzelt und aufweckt, ein bisschen so wie ein gutes Buch, eine Reise oder eine neue, interessante Bekanntschaft. Ihre kurzen Texte lesen sich wie ein sprudelnder Appell an die Frauen, sich endlich mehr zuzugestehen, mehr zu wollen, viel zu wollen, sich breitzumachen und nach dem besten Stück zu greifen, statt immer nur höflich und bescheiden auf die Reste der Männer zu warten. Es ist ein Plädoyer für den Genuss als Rebellion und Mittel zur Freiheit und somit das absolute Gegenmodell zur damals grassierenden Magersucht: Statt den Teller zum Feind zu machen und sich dem männlichen Ideal der Bescheidenheit zu unterwerfen, statt weibliche Leidensfähigkeit und Selbstzerstörung zu glorifizieren und so zu tun, als sei dies der einzige Ausweg, sollten die Frauen lieber aus diesem vom Patriarchat etablierten System aussteigen und sich mit dem Teller und den Speisen darauf verbünden. Sie sollten aufhören, das Essen (und sich selbst) kritisch zu beäugen, und darin vielmehr die Möglichkeit sehen, die vielen Ebenen und Facetten ihrer Lust auszuprobieren und zu entdecken. Das Buch ist grandios und wirkt selbst heute, in unserer nach permanenter Selbstoptimierung strebenden und an Großzügigkeit und Genussfähigkeit etwas mageren Zeit, ungeheuer rebellisch und frei.

Ich nehme an, dass Elizabeth Robins Pennell mit diesem höchst ungewöhnlichen und nahezu anarchistischen Ansatz zu Lebzeiten keinen einvernehmlichen Applaus geerntet hat. Sie wird sich eher zum Gespött vieler pikierter Bourgeois gemacht haben, was wohl auch erklärt, dass man sie schnell wieder vergaß und kaum einer von ihr weiß. Nur war sie offenbar nicht allein mit dieser Ansicht: Besonders in den Jahrzehnten danach, zu Beginn des 20. Jahrhunderts, keimte immer öfter der Gedanke, den Teller von der Kontrolle des männlichen Blicks zu befreien und ihn zu einem Symbol der Freiheit statt der Unterdrückung zu machen. Eines der schönsten Beispiele dafür stammt aus den 1930er-Jahren und gehört zu meinem persönlichen Pantheon der genialen weiblichen Teller: Das »Famous Women Dinner Service« der britischen Malerin Vanessa Bell. Dass Bell zufällig die Schwester der Schriftstellerin Virginia Woolf ist, tut nicht viel zur Sache, ist aber ein schöner Nebenaspekt. Wie schon ihre berühmte Schwester machte auch Vanessa Bell den Teller zum Schauplatz der Hierarchisierung der Geschlechter, nur nutzte sie ihn ganz anders, nämlich positiv. Statt durch ihn zu erklären, weshalb Frauen in der Vergangenheit eine so nebensächliche Rolle gespielt hatten und wahrscheinlich auch in Zukunft spielen würden, wenn man ihre Teller nicht großzügiger und freudvoller bestückte, machte Vanessa Bell die runden Flächen zu einer Plattform, über die sie die Bedeutung der Frauen in der Geschichte unterstrich. Sie bildete auf ihren Tellern Frauen ab, die ihren Hunger nicht zugunsten anderer eingeschränkt hatten und etwas erreichten: die antike Dichterin Sappho, Elisabeth I., die Schriftstellerin Emily Brontë, Katharina die Große, die Schauspielerin Greta Garbo, natürlich Virginia Woolf und viele andere.

Die Geschichte dieses Service ist schön, weil sie zeigt, wie unangepasst die Malerin war: Es war um 1932, als der britischen Kunsthistoriker Kenneth Clark Vanessa Bell und ihren Lebens- und Schaffenspartner Duncan Grant damit beauftragte, für ihn ein Dinner-Service anzufertigen. Vorgaben gab es keine, trotzdem darf man annehmen, dass der Mann etwas im Stil ihrer bisherigen Arbeiten erwartete: bunte, dekorative Formen, ein fröhliches Service ohne politische Agenda. Als die Teller dann, nach Monaten der Arbeit und des heimlichen Austauschs zwischen Bell und Clarks Frau Jane, eintrafen, muss er erst einmal geschluckt haben. Wie so oft bei Auftragsarbeiten sei etwas ganz anderes herausgekommen als erwartet, sagte er diplomatisch, statt dekorativer Formen hätten die beiden ihm Teller mit Porträts bekannter Frauen geliefert. Er freundete sich offenbar schnell mit dieser ungewöhnlichen Ausführung an, unterstellte Vanessa Bell aber auch, sie habe durch diese Teller versucht, das Matriarchat in der sogenannten Bloomsbury Group zu festigen und zu verbreiten. Ganz abwegig ist der Gedanke nicht. Schließlich waren diese Teller so gar nicht, wie man es von Tellern (und nebenbei auch von Frauen) erwartet. Sie waren keine »stille« Unterlage, nahmen sich nicht zurück, um schlicht zu dienen, sondern gaben mit ihren Frauenköpfen im Zentrum quasi das Gesprächsthema vor. Sie zwangen der Tischrunde zumindest ein, zwei Sätze und einen kurzen Gedankenaustausch zum so gerne totgeschwiegenen Sujet des Einflusses der Frauen auf: »Wie sehen Sie eigentlich den Platz der Frauen in der Geschichte? Was denken Sie über ihre Rolle in der Gegenwart?«

Ob die Bloomsbury Gruppe, dieses künstlerische Konglomerat aus Maler*innen, Dichter*innen, Tänzer*innen und anderen, nun wirklich ein Matriarchat war oder nicht, ist schwer zu sagen, es kommt wahrscheinlich darauf an, was man darunter versteht. Richtig ist, dass Vanessa Bell, Kopf und Herz dieser legendären Gruppe, genau zu wissen schien, was sie vom Leben wollte, und nicht vorhatte, ihren Appetit zugunsten anderer zu zügeln. Weder den Männern, noch den Kindern noch sonst irgendwem zuliebe. Sie lebte mit ihrem Ehemann, ihrem Liebhaber und dessen Liebhaber in einem Haus in Charleston zusammen, hatte Kinder von mehreren Partnern und liebte nicht nach gesellschaftlichen Vorgaben, sondern nach Bauchgefühl. Wenn sie Lust auf etwas verspürte, nahm sie es sich, nicht skrupellos, ohne Rücksicht auf andere, aber doch bestimmt. Sie lebte ihren Hunger aus, und wenn jemand sich anmaßte, dieses Lebensmodell zu hinterfragen, wies sie die Person harsch zurück und sagte, meist nicht einmal durch die Blume, sondern ganz direkt: Kümmern Sie sich um Ihre eigenen Angelegenheiten! Schauen Sie mir nicht so dreist auf den Teller! Ihr Credo war, zumindest wirkt es so, alles andere als die vom späteren Feminismus gefeierte Absage an die Häuslichkeit. Es war kein Weglaufen vor Tischen, Tellern, Küche, sondern eine subversive Verkehrung ihrer Bedeutung. Statt ein Mittel zur Kontrolle wurden Teller und Essen im Charleston House zur Möglichkeit einer tatsächlichen Begegnung. Sie wurden zu symbolischen Orten, die Frauen nicht kleinhielten, sondern ihren Raum erweiterten und sie mit genug Freuden, Genüssen und guten Gesprächen nährten, um in jeder Hinsicht zu wachsen und sich zu entfalten – künstlerisch, geistig, emotional, körperlich. Vanessa Bells »Famous Women Dinner Service« war so gesehen, da hatte Kenneth Clark schon recht, wie eine Zusammenfassung dieses Esprits. Eine Ermutigung sowohl für Frauen als auch für Männer, den weiblichen Hunger als Chance statt als Gefahr zu begreifen.

Dass dies auch in den Jahren danach immer wieder unterstrichen werden musste und im Grunde auch heute noch, oder vielleicht heute mehr denn je, unterstrichen werden muss, zeigt eines der berühmtesten Werke der feministischen Kunstgeschichte. In der 1979 erstmals ausgestellten Installation »The Dinner Party« zieht die amerikanischen Künstlerin Judy Chicago ähnlich wie Woolf eine klare Verbindung zwischen Essen, Lust und der Chance auf Einflussnahme. Die Arbeit, die bis heute im Brooklyn Museum in New York zu besichtigen ist, besteht aus einem sehr großen dreieckigen Tisch, auf dem neununddreißig Teller platziert sind, jeder Teller ist mit einer Vulva bemalt, jeder steht für eine bedeutende Frau der Geschichte. Die Idee ist ähnlich wie bei Vanessa Bell, nur politischer und expliziter formuliert: Es geht darum, zu zeigen, dass Frauen sehr wohl und von Beginn an eine Rolle gespielt und Dinge beigetragen haben, man sie einfach nur vergessen oder ihren Einfluss kleingeredet hat. Man hat sich an ihnen, an ihrem Körper und ihrem Geist genährt, sie haben dafür gesorgt, dass andere, Männer und Söhne, groß, stark und selbstbewusst werden, hat sie dann aber im kollektiven Gedächtnis ebenso wie im Alltag in die Küche verbannt und sie dort vor ihren Reste-Tellern verhungern lassen.

Dies sollte nun, mitten in der zweiten Welle des Feminismus, anders werden. Indem Judy Chicago eine Gruppe von Frauen zeigte, die sich ihren Appetit nicht hatten ausreden lassen und deshalb in die Geschichte eingegangen waren – die Amazonen, Hildegard von Bingen, Christine de Pizan, Emily Dickinson, Mary Wollstonecraft, Eleonore von Aquitanien –, bewies sie, dass Frauen, die sich trauen, ihrem Hunger zu folgen, statt ihn wie etwas Peinliches zu unterdrücken, auch etwas erreichen können. Indem sie diese Frauen über Teller darstellte, versinnbildlichte sie noch einmal, was Elizabeth Robins Pennell knapp hundert Jahre zuvor geschrieben hatte. Nämlich, dass die wahre Emanzipation vielleicht auch über einen so unscheinbaren, alltäglichen, damit aber auch enorm einflussreichen Gegenstand wie den Teller erkämpft werden muss: Erst wenn Frauen gelernt haben werden, Genuss und Appetit als etwas anzusehen, das ihnen zusteht, statt sich davor zu fürchten, dafür zu schämen oder ihre Lust zu verbergen, werden sie wirklich frei sein.

QUELLENHINWEISE

Seite 14 »Ich kann Ihnen nur eine Meinung … und ein eigenes Zimmer.«, Virginia Woolf, »Ein Zimmer für sich allein«, Kampa Verlag 2019, S. 6

Seite 14 »wie gut Romanschriftsteller sich darauf verstehen, … über das, was gegessen wurde.«, op.cit., S. 15

Seite 14 »Ich nehme mir hier aber … hinwegzusetzen.« und »… dass das Mittagessen bei dieser Gelegenheit … eine von Servietten umhüllte Nachspeise vor, die wie ein Zuckerberg aus den Wellen ragte.«, op.cit., S. 15

Seite 15 »Und so wurde nach und nach in der Mitte … der satten gelben Flamme vernünftigen Austauschs.«, op.cit., S. 16

Seite 16 »Die schwanzlose Katze ist seltener … Isle of Man geben soll«, op.cit., S. 19

Seite 16 »Da kam die Suppe. Es war … und mehr Cracker als diese ging nicht. Das war alles. Die Mahlzeit war beendet.«, op.cit., S. 25

Seite 17 »Ein gutes Dinner ist eine wichtige Voraussetzung … leuchtet nicht mit Rind und Backpflaumen.«, op.cit., S. 26

Seite 17 »Welche Macht steht hinter dem … zu Abend aßen?«, op.cit., S. 29

ANNABELLE HIRSCH geboren 1986, hat deutsche und französische Wurzeln. In München und Paris studierte sie Kunstgeschichte, Theaterwissenschaft und Philosophie. Sie arbeitet als freie Journalistin für FAS/FAZ, TAZ und diverse Magazine, schreibt Kurzgeschichten und ist literarische Übersetzerin aus dem Französischen. Sie lebt in Rom und Berlin. 2022 erschien im Verlag Kein & Aber ihr hochgelobtes Buch »Die Dinge. Eine Geschichte der Frauen in 100 Objekten«.

Bibliografische Information der Deutschen Nationalbibliothek
Die Deutsche Nationalbibliothek verzeichnet diese Publikation in der Deutschen Nationalbibliografie; detaillierte bibliografische Daten sind im Internet über http://dnb.dnb.de abrufbar.

www.residenzverlag.com

Umschlaggestaltung, Illustrationen, Layout und Satz: Hanna Zeckau
Gesamtherstellung: Graspo CZ Printing House

ISBN 978-3-7017-3588-4